Impressum
Verlag: BABADADA GmbH, Nedderfeld 112 , 22529 Hamburg
Geschäftsführer / Verlagsleitung: Harald Hof
Druck: Books on Demand GmbH, In de Tarpen 42, 22848 Norderstedt

Imprint
Publisher: BABADADA GmbH, Nedderfeld 112 , 22529 Hamburg, Germany
Managing Director / Publishing direction: Harald Hof
Print: Books on Demand GmbH, In de Tarpen 42, 22848 Norderstedt

училище
école

класна стая
salle de classe

деление
diviser

186/2

черна дъска
tableau noir

училищен двор
cour (de récréation)

учител
professeur

хартия
papier

пиша
écrire

химикал
stylo

бюро
bureau

линеал
règle

книга
livre

ученик
élève

ученическа раница
cartable

ученически несесер
trousse

молив
crayon

острилка за моливи
taille-crayon

гума
gomme

блок за рисуване
carnet à dessin

рисунка

dessin

четка

pinceau

акварелни бои

boîte de peinture

ножица

ciseaux

лепило

colle

тетрадка за упражнения

cahier d'exercices

домашна работа

devoirs

число

chiffre

събиране

additionner

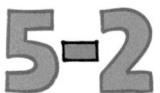

изваждане

soustraire

умножение

multiplier

смятане

calculer

буква

lettre

азбука

alphabet

дума

mot

текст

texte

чета

lire

тебешир

craie

час

leçon

дневник на класа

livre de classe

изпит

examen

свидетелство

certificat

ученическа униформа

uniforme scolaire

образование

formation

справочник

lexique

университет

université

микроскоп

microscope

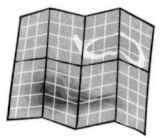

карта

carte

кошче за хартиени
отпадъци

corbeille à papier

пътуване

voyage

хотел
hôtel
Grand
хостел
auberge
ROOMS
CHANGE
обменно бюро
bureau de change
куфар
valise
кола
voiture

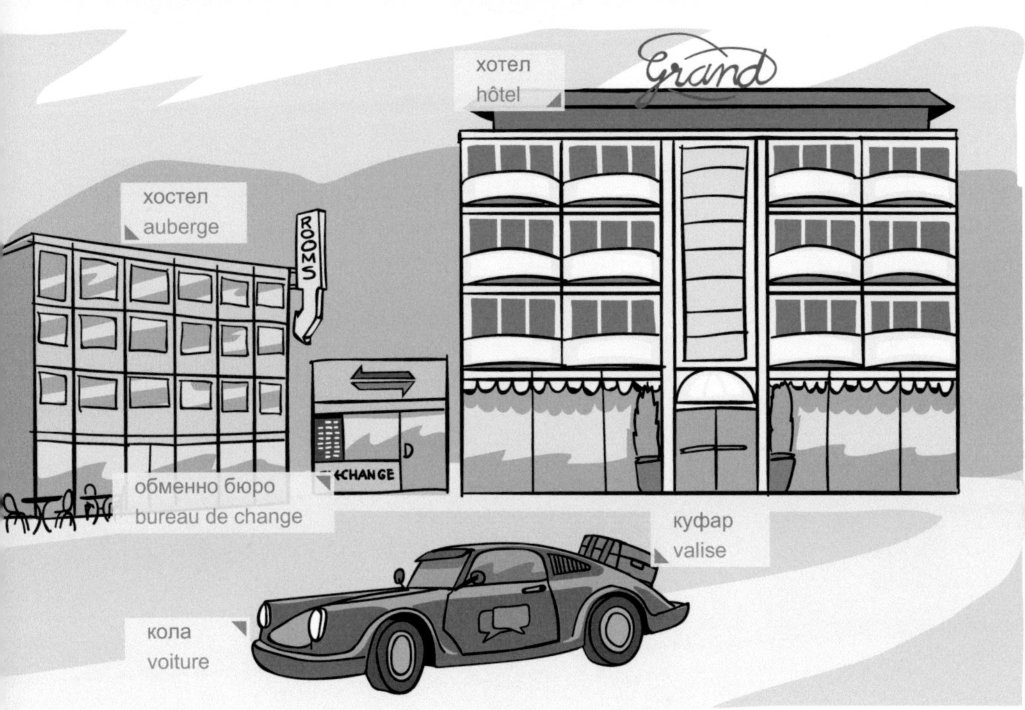

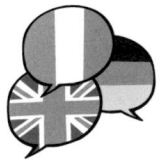

език

langue

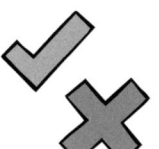

да / не

oui / non

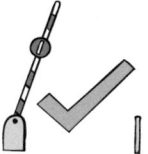

Окей

d'accord

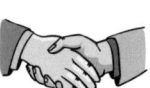

здравей

Salut

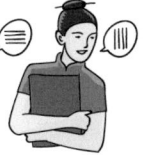

преводач

interprète

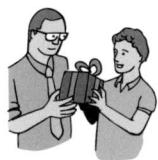

Благодаря

merci

Колко струва…?

Combien coûte…?

Не разбирам

Je ne comprends pas

проблем

problème

Добър вечер!

Bonsoir !

Добро утро!

Bonjour !

Лека нощ!

Bonne nuit !

довиждане

Au revoir

посока

direction

багаж

bagages

пътна чанта

sac

раница

sac-à-dos

посетител

hôte

стая

pièce

спален чувал

sac de couchage

палатка

tente

уристическа информация

office de tourisme

плаж

plage

кредитна карта

carte de crédit

закуска

petit-déjeuner

обед

déjeuner

вечеря

dîner

билет

billet

асансьор

ascenseur

пощенска марка

timbre

граница

frontière

митница

douane

посолство

ambassade

виза

visa

паспорт

passeport

транспорт

transport

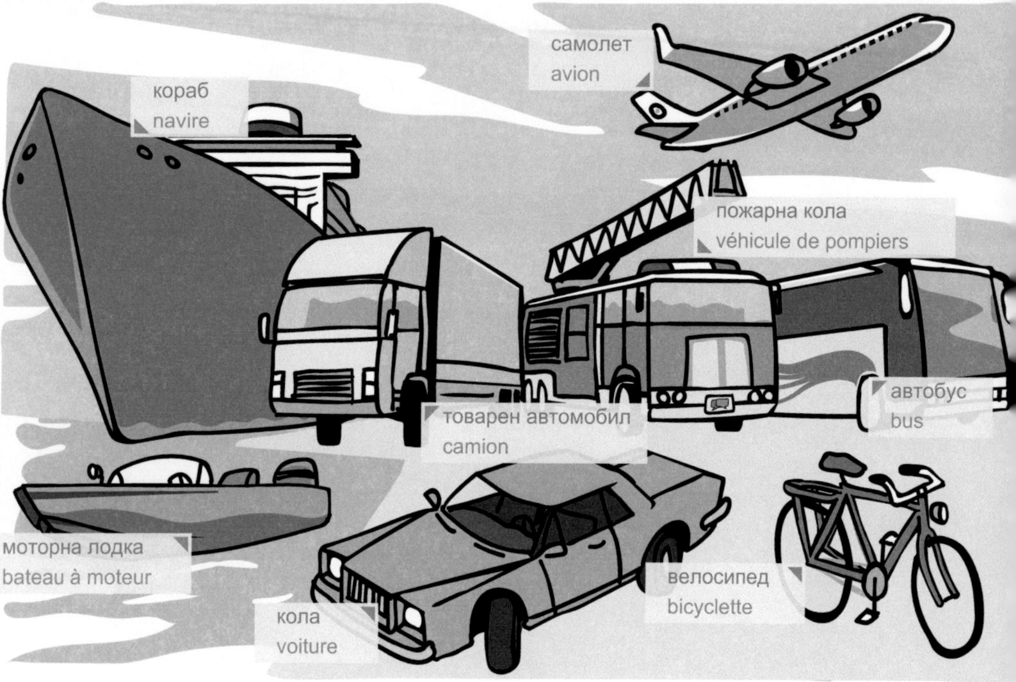
самолет
avion
кораб
navire
пожарна кола
véhicule de pompiers
автобус
bus
товарен автомобил
camion
моторна лодка
bateau à moteur
велосипед
bicyclette
кола
voiture

фериботь

ferry

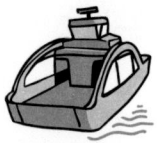

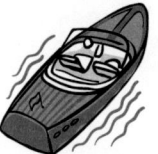

лодка

barque

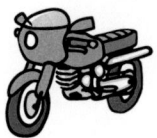

мотоциклет

moto

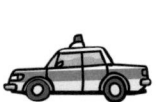

полицейска кола

voiture de police

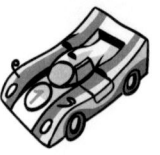

състезателна кола

voiture de course

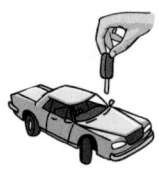

кола под наем

voiture de location

каршеринг

auto-partage

автомобил от "Пътна помощ"

voiture de remorquage

сметовоз

benne à ordures

двигател

moteur

бензин

essence

бензиностанция

station d'essence

пътен знак

panneau indicateur

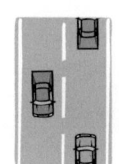

улично движение

trafic

задръстване

embouteillage

паркинг

parking

гара

gare

релси

rails

влак

train

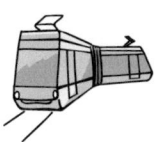

трамвай

tramway

вагон

wagon

хеликоптер

hélicoptère

аерогара

aéroport

кула

tour

пасажер

passager

контейнер

conteneur

кашон

carton

ръчна количка

chariot

кошница

corbeille

излитам / приземявам се

décoller / atterrir

град

ville

село

village

градски център

centre-ville

къща

maison

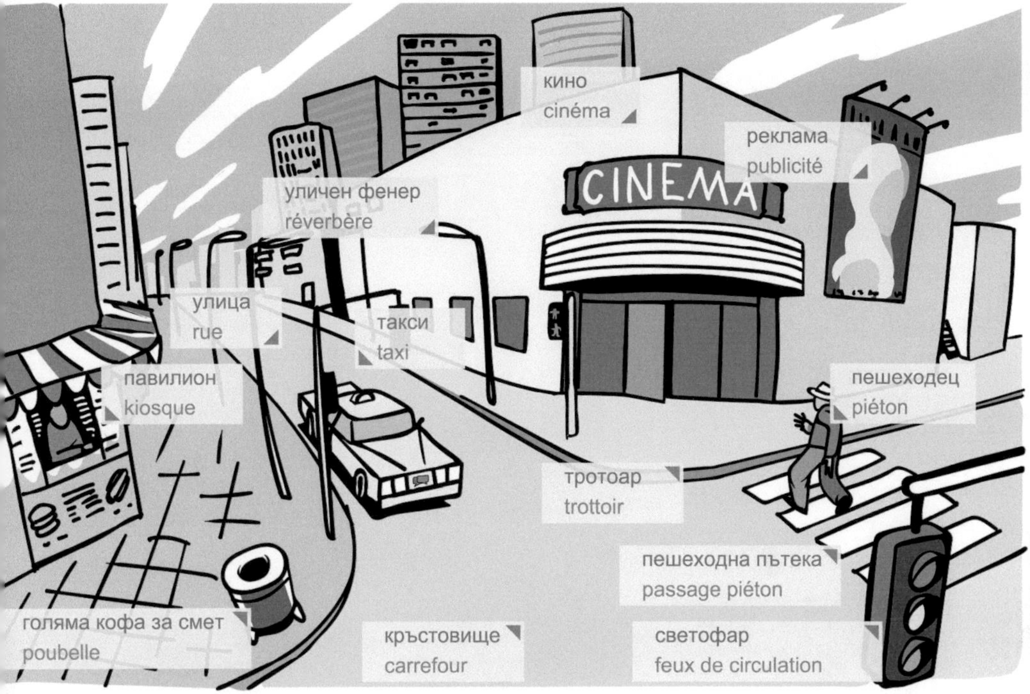

кино
cinéma
реклама
publicité
уличен фенер
réverbère
CINEMA
улица
rue
такси
taxi
павилион
kiosque
пешеходец
piéton
тротоар
trottoir
пешеходна пътека
passage piéton
голяма кофа за смет
poubelle
кръстовище
carrefour
светофар
feux de circulation

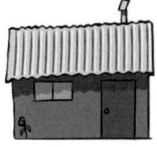

хижа

cabane

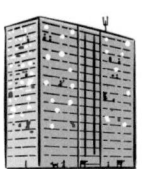

жилище

appartement

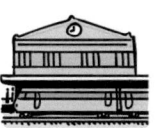

гара

gare

кметство

mairie

MUSEUM

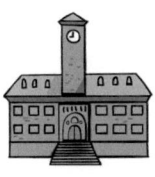

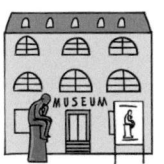

музей

musée

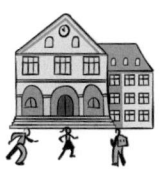

училище

école

университет

université

банка

banque

болница

hôpital

хотел

hôtel

аптека

pharmacie

офис

bureau

книжарница

librairie

магазин за цветя

magasin

магазин за цветя

fleuriste

супермаркет

supermarché

пазар

marché

универсален магазин

grand magasin

търговец на риба

poissonnerie

търговски център

centre commercial

пристанище

port

парк

parc

пейка

banque

мост

pont

стълба

escaliers

метро

métro

тунел

tunnel

автобусна спирка

arrêt de bus

бар

bar

ресторант

restaurant

пощенска кутия

boîte à lettres

улична табелка

panneau indicateur

часовник за паркинг престой

parcmètre

зоологическа градина

zoo

плувен басейн

piscine

джамия

mosquée

селски двор

ferme

замърсяване на околната среда

pollution

гробище

cimetière

църква

église

детска площадка

aire de jeux

храм

temple

пейзаж

paysage

листо
feuille

пътепоказател
panneau indicateur

път
chemin

ливада
pré

камък
pierre

пътешественик
randonneur

дърво
arbre

река
rivière

трева
herbe

цвете
fleur

долина

vallée

планина

montagne

море

lac

гора

forêt

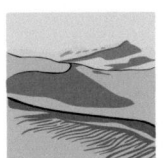

пустиня

désert

вулкан

volcan

замък

château

дъга

arc-en-ciel

гъба

champignon

палма

palmier

комар

moustique

муха

mouche

мравка

fourmis

пчела

abeille

паяк

araignée

бръмбар

coléoptère

жаба

grenouille

катеричка

écureuil

таралеж

hérisson

заек

lièvre

кукумявка

chouette

птица

oiseau

лебед

cygne

диво прасе

sanglier

елен

cerf

лос

élan

бент

barrage

вятърна турбина

éolienne

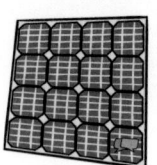

соларен модул

panneau solaire

климат

climat

келнер
serveur

меню
menu

стол
chaise

супа
soupe

пица
pizza

прибори за хранене
couverts

покривка за маса
nappe

предястие
hors d'œuvre

основно ястие
plat principal

десерт
dessert

напитки
boissons

ядене
alimentation

бутилка
bouteille

бързо хранене

fast-food

улична храна

plats à emporter

кана за чай

théière

кутия за захар

sucrier

порция

portion

еспресо машина

machine à expresso

висок детски стол

chaise haute

сметка

facture

табла

plateau

ножица за нокти

couteau

вилица

fourchette

лъжица

cuillère

чаена лъжичка

cuillère à thé

салфетка

serviette

стъклена чаша

verre

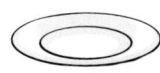

чиния

assiette

чиния за супа

assiette à soupe

чинийка

soucoupe

сос

sauce

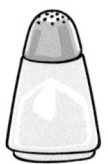

солница

salière

мелничка за черен пипер

moulin à poivre

оцет

vinaigre

олио

huile

подправки

épices

кетчуп

ketchup

горчица

moutarde

майонеза

mayonnaise

супермаркет
supermarché

оферта
offre promotionnelle
FOR
клиент
client
млечни продукти
produits laitiers
плодове
fruits
количка за покупки
chariot

BUTCHERS

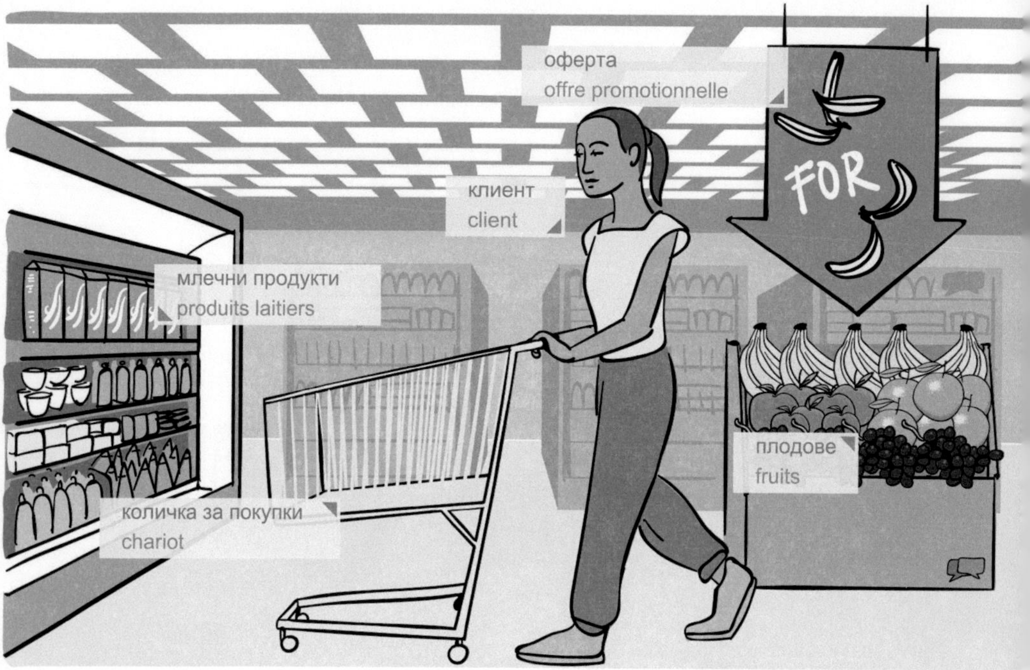

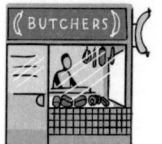

кланица

boucherie

BAKERY

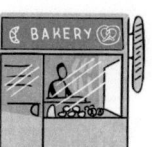

хлебарница

boulangerie

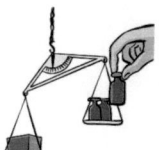

тегля

peser

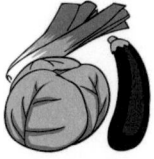

зеленчуци

légumes

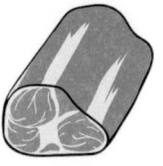

месо

viande

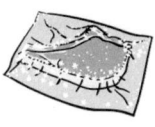

дълбоко замразена храна

aliments surgelés

нарязан колбас или
сирене
charcuterie

консерви
conserves

перилен препарат
poudre à lessive

лакомства
bonbons

домакински изделия
articles ménagers

почистващи препарати
détergents

продавачка
vendeuse

каса
caisse

касиер
caissier

списък на покупките
liste d'achats

работно време
heures d'ouverture

портфейл
portefeuille

кредитна карта
carte de crédit

чанта
sac

пластмасова торба
sac en plastique

вода

eau

сок

jus de fruit

мляко

lait

кола

coca

вино

vin

бира

bière

алкохол

alcool

какао

chocolat chaud

чай

thé

кафе машина

café

еспресо

expresso

капучино

cappuccino

банан

banane

ябълка

pomme

портокал

orange

пъпеш

melon

лимон

citron

морков

carotte

чесън

ail

бамбук

bambou

лук

oignon

гъба

champignon

ядки

noisettes

макарони

pâtes

спагети

spaghetti

ориз

riz

салата

salade

пържени картофи

pommes frites

печени картофи

pommes de terre rôties

пица

pizza

хамбургер

hamburger

сандвич

sandwich

шницел

escalope

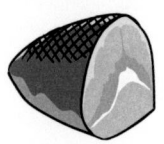

шунка

jambon

траен колбас

salami

салам

saucisse

пиле

poulet

печено

rôti

риба

poisson

овесени ядки

flocons d'avoine

мюсли

muesli

корнфлейкс

cornflakes

брашно

farine

кроасан

croissant

хлебчета

petits-pains

хляб

pain

препечена филийка

pain grillé

бисквити

biscuits

масло

beurre

извара

le fromage blanc

сладкиш

gâteau

яйце

œuf

яйца на очи

œuf au plat

сирене

fromage

сладолед

glace

захар

sucre

мед

miel

мармалад

confiture

нуга крем

crème nougat

къри

curry

селски двор

ferme

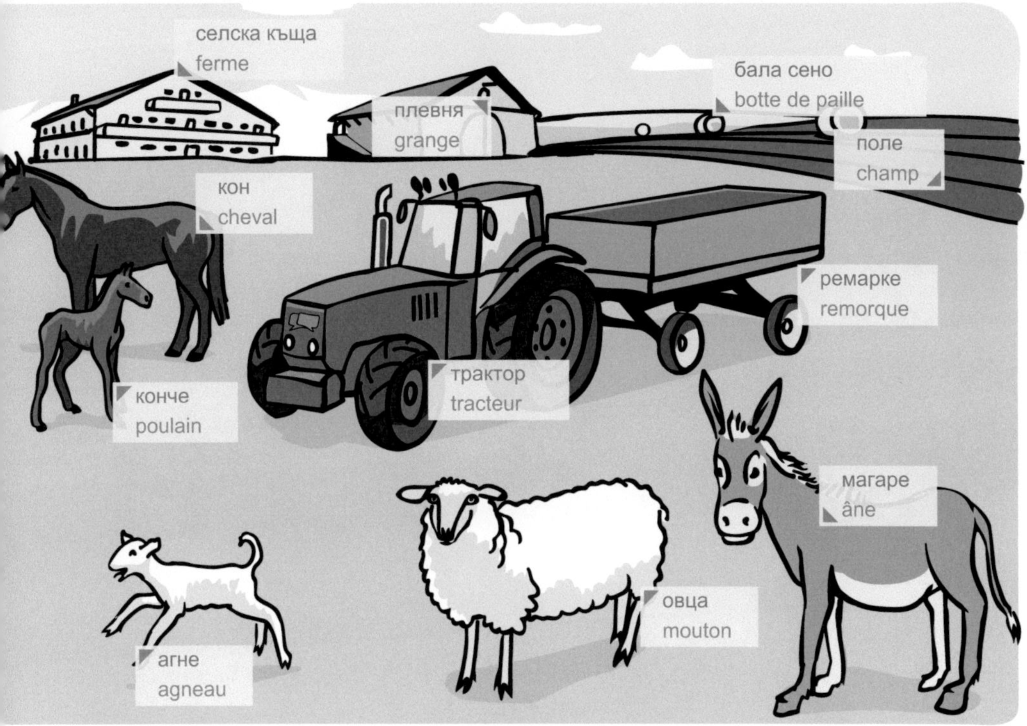

селска къща
ferme
плевня
grange
бала сено
botte de paille
поле
champ
кон
cheval
ремарке
remorque
трактор
tracteur
конче
poulain
магаре
âne
овца
mouton
агне
agneau

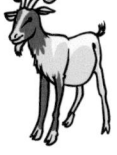

коза

chèvre

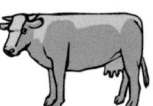

крава

vache

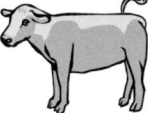

теле

veau

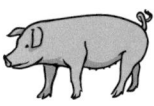

свиня

porc

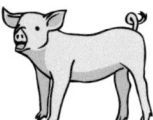

прасенце

porcelet

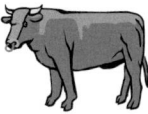

бик

taureau

гъска

oie

патица

canard

пиленце

poussin

кокошка

poule

петел

coq

плъх

rat

котка

chat

мишка

souris

вол

bœuf

куче

chien

кучешка колиба

chenil

градински маркуч

tuyau de jardin

лейка

arrosoir

коса

faucheuse

плуг

charrue

сърп

faucille

мотика

pioche

вила за тор

fourche

брадва

hache

ръчна количка

brouette

корито

cuve

съд за мляко

pot à lait

чувал

sac

ограда

clôture

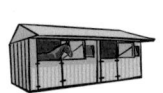

обор

étable

парник

serre

земя

sol

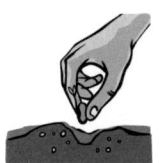

сеитба

semences

тор

engrais

комбайн

moissonneuse-batteuse

жъна
récolter

реколта
récolte

ямс
igname

жито
blé

соя
soja

картоф
pomme de terre

царевица
maïs

рапица
colza

овощно дърво
arbre fruitier

маниока
manioc

зърнени храни
céréales

къща

maison

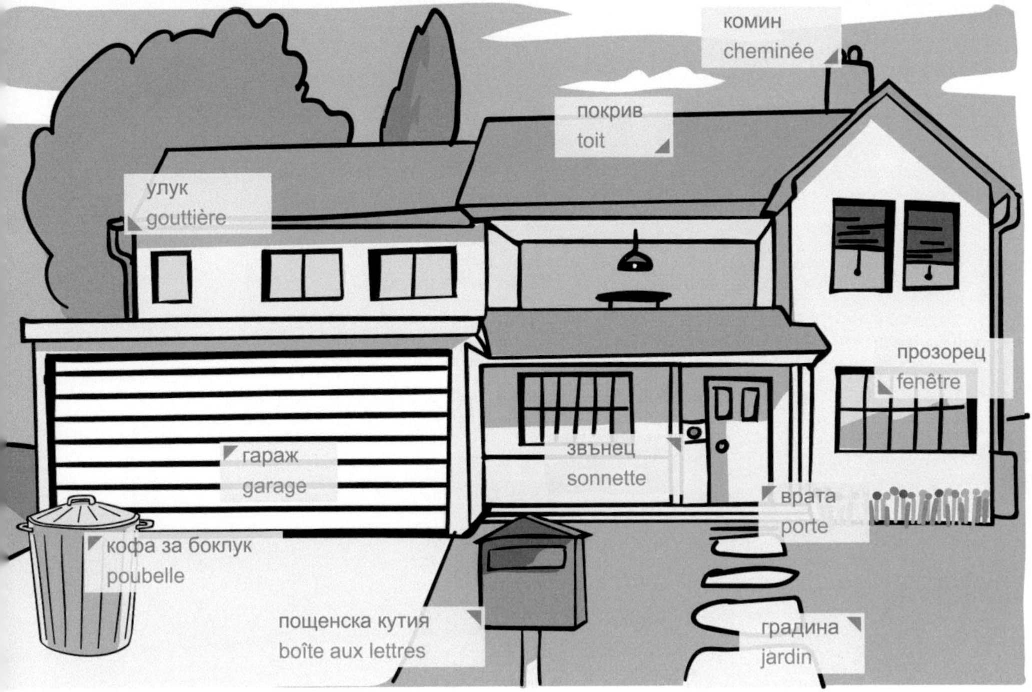
комин
cheminée
покрив
toit
улук
gouttière
прозорец
fenêtre
гараж
garage
звънец
sonnette
врата
porte
кофа за боклук
poubelle
пощенска кутия
boîte aux lettres
градина
jardin

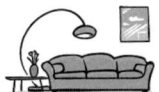

всекидневна

salon

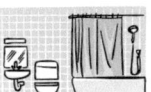

баня

salle de bain

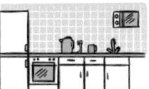

кухня

cuisine

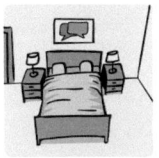

спалня

chambre à coucher

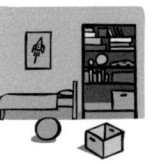

детска стая

chambre d'enfant

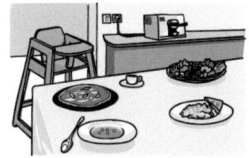

трапезария

salle à manger

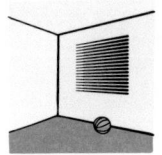

под

sol

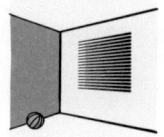

стена

mur

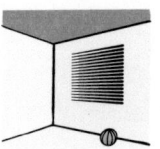

таван

plafond

изба

cave

сауна

sauna

балкон

balcon

тераса

terrasse

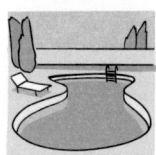

плувен басейн

piscine

косачка

tondeuse à gazon

спално бельо

housse

покривка за легло

couette

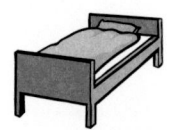

легло

lit

метла

balai

кофа

sceau

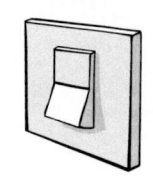

електрически ключ

interrupteur

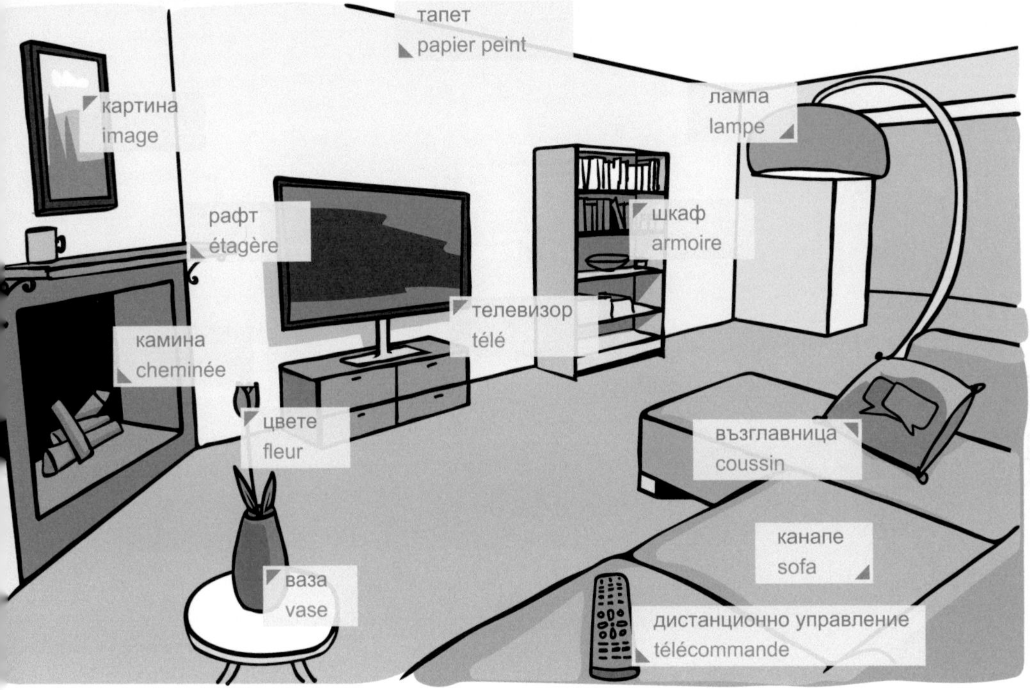

тапет
papier peint

картина
image

лампа
lampe

рафт
étagère

шкаф
armoire

камина
cheminée

телевизор
télé

цвете
fleur

възглавница
coussin

канапе
sofa

ваза
vase

дистанционно управление
télécommande

килим

tapis

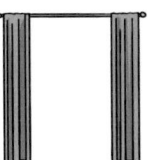

завеса

rideau

маса

table

стол

chaise

люлеещ се стол

chaise à bascule

кресло

fauteuil

книга

livre

одеяло

couverture

декорация

décoration

дърва за отопление

bois de chauffage

филм

film

стерео уредба

chaîne hi-fi

ключ

clé

вестник

journal

живопис

peinture

постер

poster

радио

radio

бележник

bloc-notes

прахосмукачка

aspirateur

кактус

cactus

свещ

bougie

кухня
cuisine

хладилник
réfrigérateur
микровълнова фурна
four à micro-ondes
кухненска везна
balance de cuisine
тостер
grille-pain
почистващо средство
détergent
фурна
four
хладилна камера
compartiment congélateur
кофа за боклук
poubelle
миялна машина
lave-vaisselle

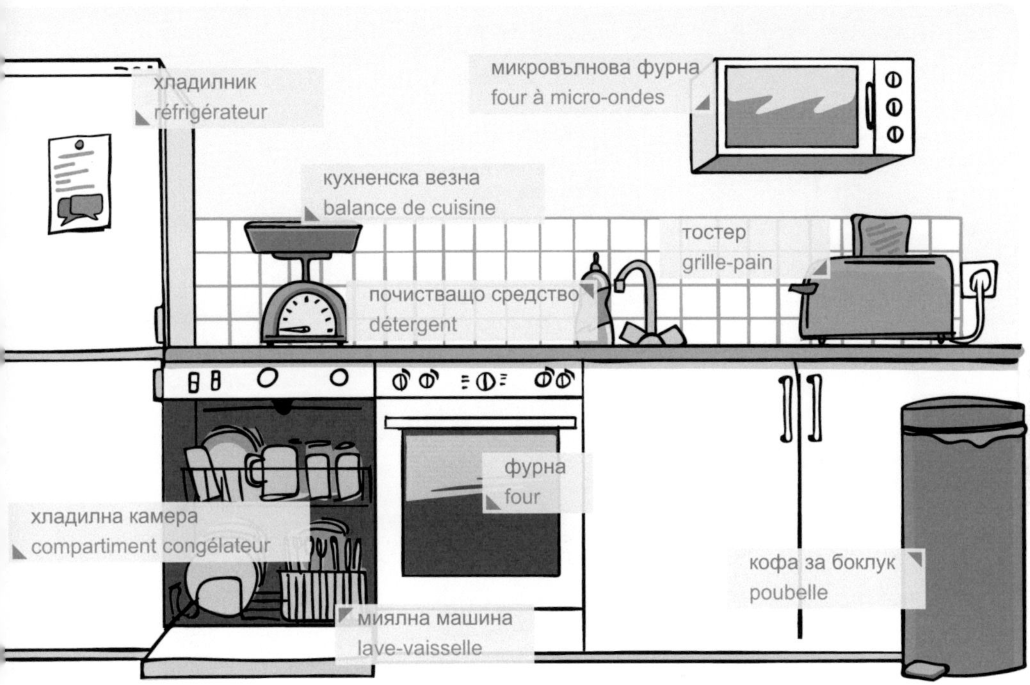

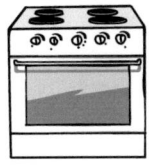

готварска печка
....
four

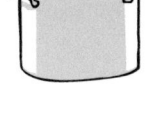

тенджера
....
casserole

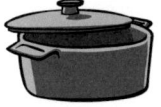

желязна тенджера
....
marmite

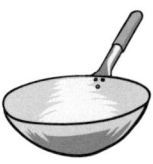

уок / кадаи
....
wok / kadai

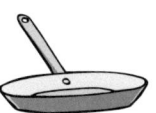

тиган
....
poêle

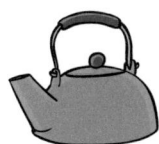

кана за затопляне на вода
....
bouilloire electrique

уред за готвене на пара

cuiseur vapeur

тава за печене

plaque de cuisson

съдове

vaisselle

чаша

gobelet

купа

coupe

клечки за хранене

baguettes

черпак

louche

лопатка за тиган

spatule

тел за разбиване (на яйца, белтъци)

fouet

кошница за варене

passoire

гевгир

tamis

ренде

râpe

хаван

mortier

барбекю

barbecue

огнище

cheminée

дъска

planche à découper

точилка

rouleau à pâtisserie

тирбушон

tire-bouchon

кутия

boîte

отварачка за консерви

ouvre-boîte

кухненска ръкохватка

maniques

мивка

lavabo

четка

brosse

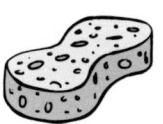

гъба

éponge

миксер

mixeur

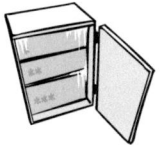

фризер

congélateur

бебешко шише

biberon

воден кран

robinet

баня

salle de bain

душ
douche
отопление
chauffage
хавлиена кърпа
serviette
завеса за баня
rideau de douche
шампоан за вана
bain moussant
вана
baignoire
стъклена чаша
verre
перална машина
machine à laver
воден кран
robinet
плочки
carrelage
гърне
pot
мивка
lavabo

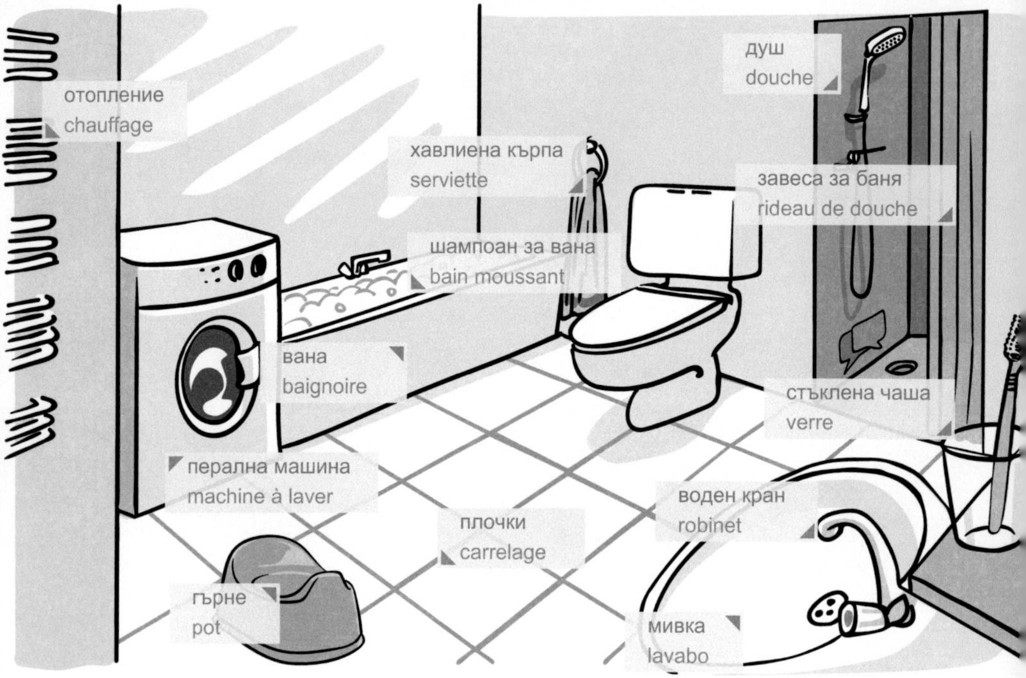

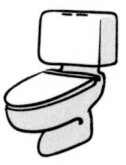

тоалетна

toilettes

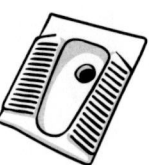

клекало

toilette à la turque

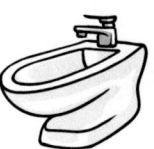

биде

bidet

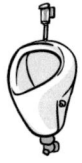

писоар

urinoir

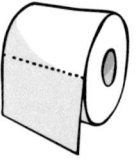

тоалетна хартия

papier toilette

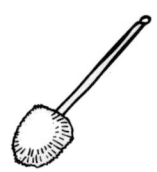

четка за тоалетна

brosse à toilette

четка за зъби

brosse à dents

паста за зъби

dentifrice

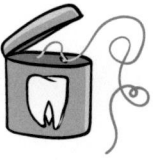

конец за зъби

fil dentaire

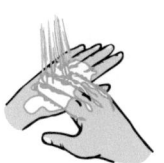

мия

laver

ръчен душ

douche manuelle

интимен душ

douche intime

леген

vasque

четка за гръб

brosse dorsale

сапун

savon

душ гел

gel douche

шампоан за вана

shampooing

гъба за баня

gant de toilette

сифон

écoulement

крем

crème

дезодорант

déodorant

огледало

miroir

козметично огледало

miroir cosmétique

ръчна самобръсначка

rasoir

пяна за бръснене

mousse à raser

одеколон за след
бръснене
après-rasage

гребен

peigne

четка

brosse

сешоар

sèche-cheveux

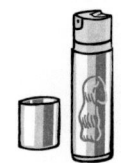

спрей за коса

laque pour cheveux

грим

fond de teint

червило

rouge à lèvres

лак за нокти

vernis à ongles

памук

ouate

ножица за нокти

coupe-ongles

парфюм

parfum

тоалетна чантичка

trousse de toilette

табуретка

tabouret

везна

pèse-personne

хавлия

peignoir

домакински ръкавици

gants de nettoyage

тампон

tampon

дамски превръзки

serviettes hygiéniques

химическа тоалетна

toilette chimique

детска стая
chambre d'enfant

будилник
réveil
плюшена играчка
doudou
автомобил играчка
voiture jouet
дрънкалка
hochet
къща за кукли
maison de poupée
подарък
cadeau

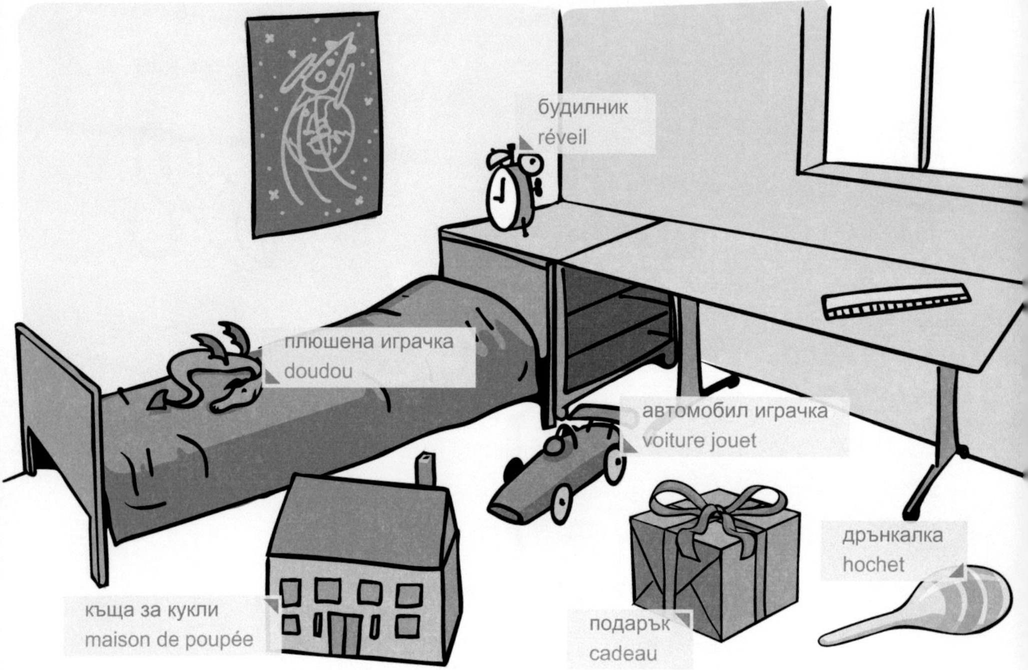

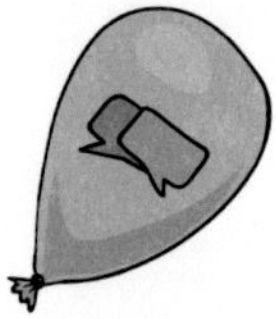

балон

ballon

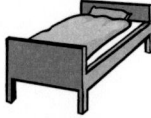

легло

lit

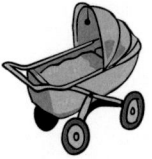

детска количка

poussette

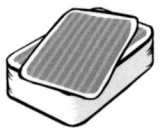

игра на карти

jeu de cartes

пъзел

puzzle

SUPER MEGA

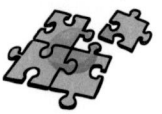

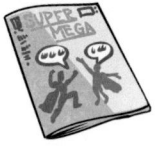

комикс

bande dessinée

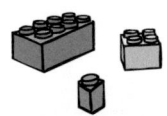

лего елементи

pièces lego

строителни елементи

blocs de construction

екшън фигурка

figurine

бебешки гащеризон

grenouillère

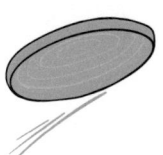

фрисби

frisbee

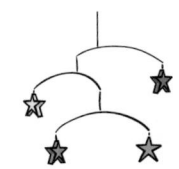

бебешки играчки за легло

mobile

настолна игра

jeu de société

зарче

dé

миниатюрно влакче

train miniature

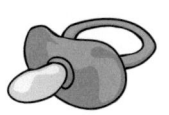

биберон

sucette

парти

fête

детска книга с илюстрации

livre d'images

топка

balle

кукла

poupée

играя

jouer

пясъчник

bac à sable

люлка

balançoire

играчка

jouets

игрова конзола

console de jeu

велосипед с три колелета

tricycle

плюшено мече

ours en peluche

гардероб

armoire

облекло

vêtements

къси чорапи

chaussettes

дълги чорапи

bas

чорапогащник

collant

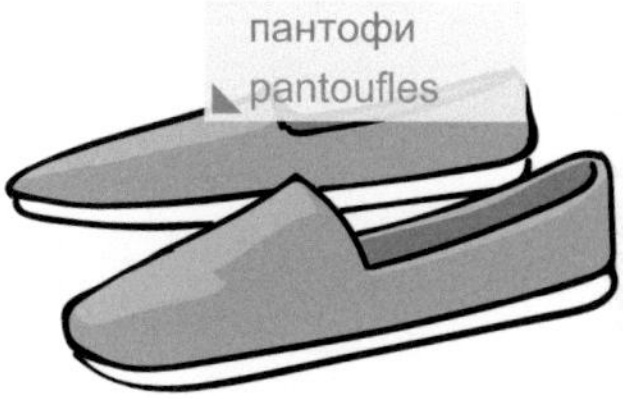

шал
écharpe

чадър
parapluie

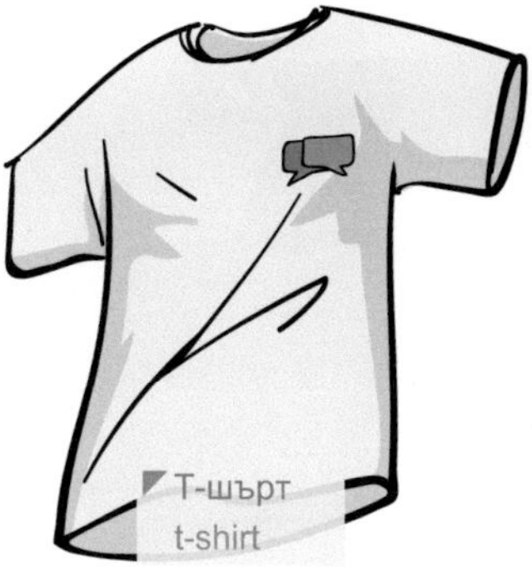

колан
ceinture

Т-шърт
t-shirt

ботуши
bottes

пантофи
pantoufles

гуменки
baskets

сандали
....
sandales

обувки
....
chaussures

гумени ботуши
....
bottes de caoutchouc

слип
....
sous-vêtements

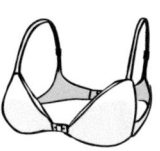
сутиен
....
soutien-gorge

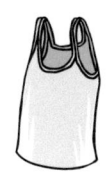
долна блуза
....
maillot de corps

боди

body

панталон

pantalon

дънки

jean

пола

jupe

блуза

chemisier

риза

chemise

пуловер

pull

суичър

sweat à capuche

блейзър

veste

яке

veste

палто

manteau

дъждобран

imperméable

костюм

costume

рокля

robe

булчинска рокля

robe de mariée

костюм

costume

нощница

chemise de nuit

пижама

pyjama

сари

sari

кърпа за глава

foulard

тюрбан

turban

бурка

burqa

кафтан

caftan

абая

abaya

бански костюм

maillot de bain

плувни шорти

maillot de bain

къс панталон

short

анцуг

tenue d'entraînement

престилка

tablier

ръкавици

gants

копче

bouton

очила

lunettes

гривна

bracelet

верижка

collier

пръстен

bague

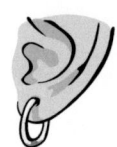

обеца

boucle d'oreille

каскет

bonnet

закачалка

cintre

шапка

chapeau

вратовръзка

cravate

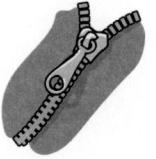

цип

fermeture éclair

каска

casque

тиранти

bretelles

ученическа униформа

uniforme scolaire

униформа

uniforme

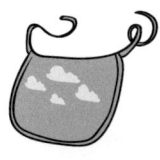

лигавник

bavoir

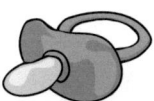

биберон

sucette

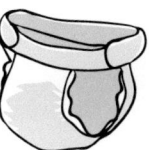

пелена

lange

офис

bureau

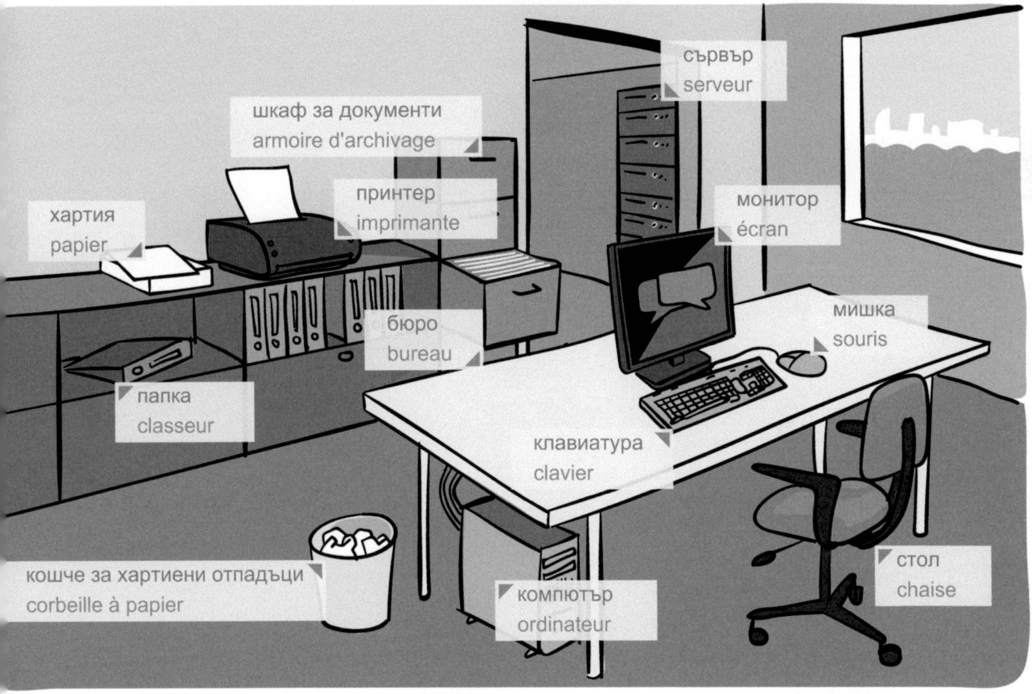

сървър
serveur
шкаф за документи
armoire d'archivage
принтер
imprimante
хартия
papier
монитор
écran
мишка
souris
бюро
bureau
папка
classeur
клавиатура
clavier
кошче за хартиени отпадъци
corbeille à papier
компютър
ordinateur
стол
chaise

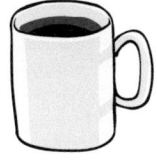

чаша за кафе

tasse de café

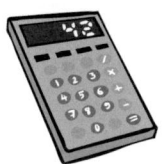

джобен калкулатор

calculatrice

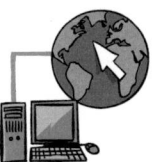

интернет

internet

лаптоп

ordinateur portable

писмо

lettre

съобщение

message

мобилен телефон

portable

мрежа

réseau

ксерокс

photocopieuse

софтуер

logiciel

телефон

téléphone

контакт

prise

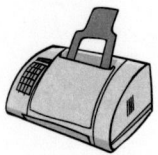

факс

fax

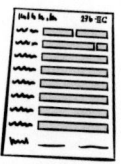

формуляр

formulaire

документ

document

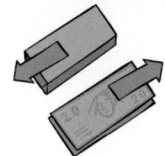

купувам

acheter

плащам

payer

търгувам

faire du commerce

пари

monnaie

долар

dollar

евро

euro

йена

yen

рубла

rouble

швейцарски франк

franc suisse

ренминби юан

renminbi yuan

рупия

roupie

банкомат

distributeur automatique

обменно бюро

bureau de change

злато

or

сребро

argent

нефт

pétrole

енергия

énergie

цена

prix

договор

contrat

данък

taxe

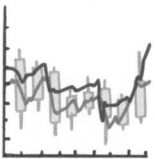

акция

action

работя

travailler

служител

employé

работодател

employeur

фабрика

usine

магазин за цветя

magasin

професии
professions

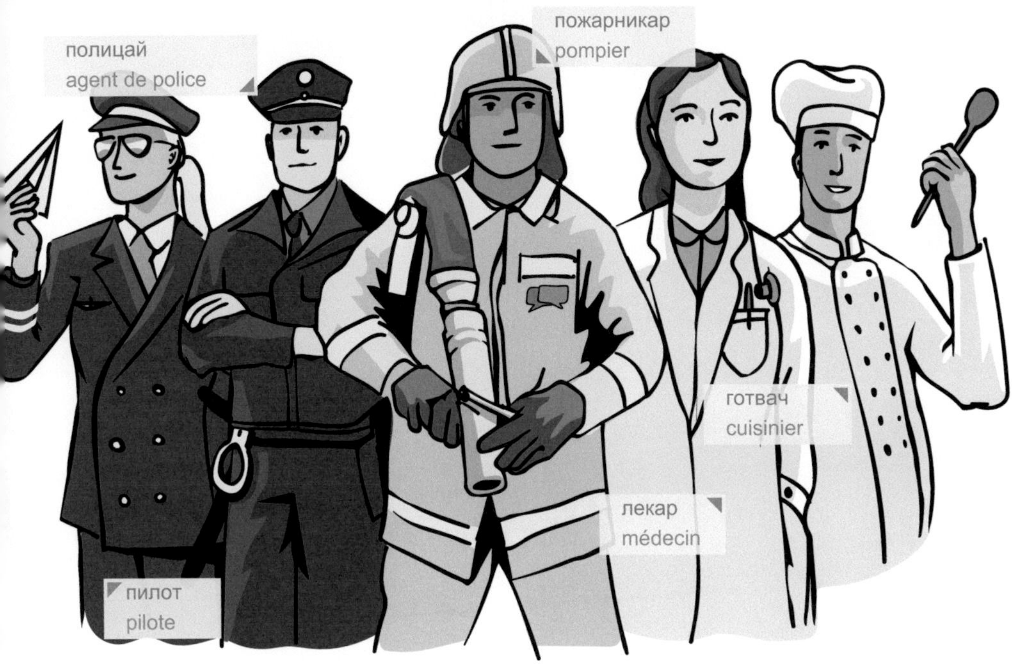

полицай
agent de police
пожарникар
pompier
готвач
cuisinier
лекар
médecin
пилот
pilote

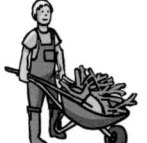

градинар

jardinier

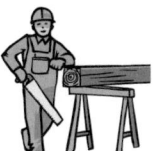

мебелист

menuisier

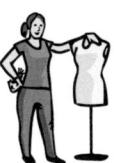

шивачка

couturière

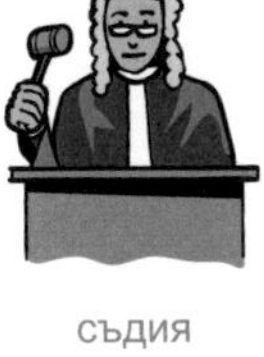

съдия

juge

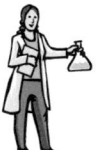

химик

chimiste

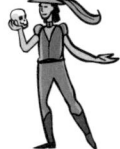

артист

acteur

шофьор на автобус

conducteur de bus

шофьор на такси

chauffeur de taxi

рибар

pêcheur

чистачка

femme de ménage

майстор на покриви

couvreur

келнер

serveur

ловец

chasseur

художник

peintre

хлебар

boulanger

електротехник

électricien

строителен работник

ouvrier

инженер

ingénieur

касапин

boucher

тенекеджия

plombier

пощальон

facteur

войник

soldat

архитект

architecte

касиер

caissier

цветар

fleuriste

фризьор

coiffeur

кондуктор

contrôleur

механик

mécanicien

капитан

capitaine

зъболекар

dentiste

научен работник

scientifique

равин

rabbin

имàм

imam

монах

moine

свещеник

prêtre

инструменти

outils

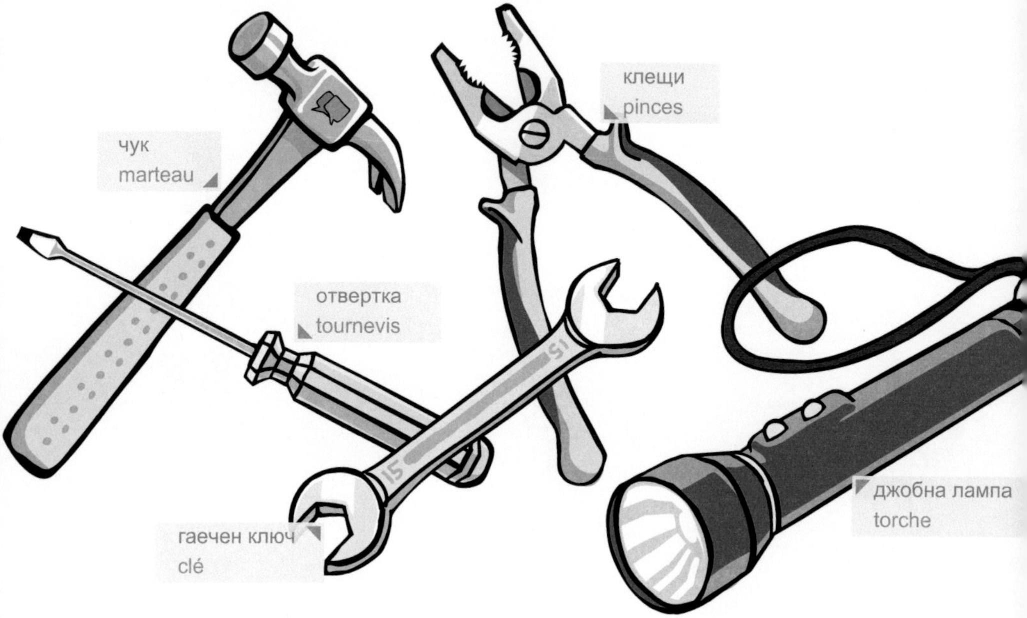
чук
marteau
клещи
pinces
отвертка
tournevis
гаечен ключ
clé
джобна лампа
torche

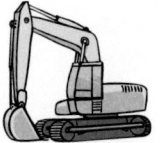

багер

pelleteuse

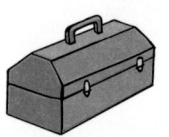

кутия за инструменти

boîte à outils

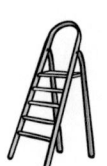

стълба

échelle

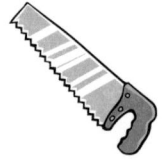

трион

scie

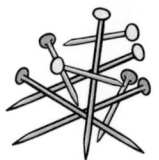

пирони

clous

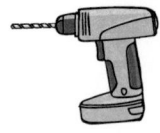

бормашина

perceuse

ремонтирам

réparer

лопата

pelle

По дяволите!

Mince !

лопатка за смет

pelle

кутия за боя

pot de peinture

болтове

vis

музикални инструменти
instruments de musique

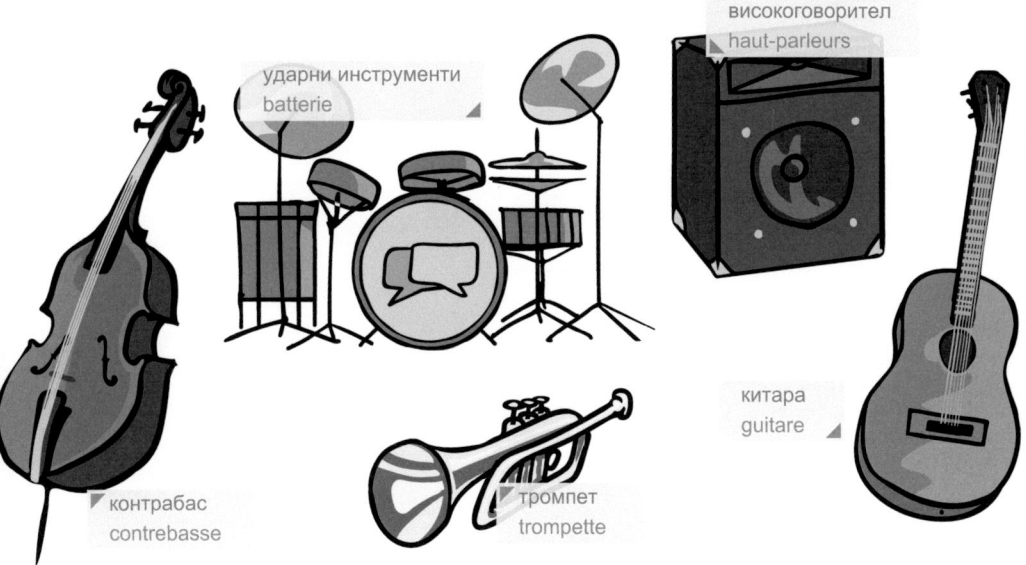

ударни инструменти
batterie

високоговорител
haut-parleurs

китара
guitare

контрабас
contrebasse

тромпет
trompette

пиано

piano

виолина

violon

контрабас

basse

тимпан

timbales

барабан

tambour

електрическо пиано

piano électrique

саксофон

saxophone

флейта

flûte

микрофон

microphone

зоологическа градина

zoo

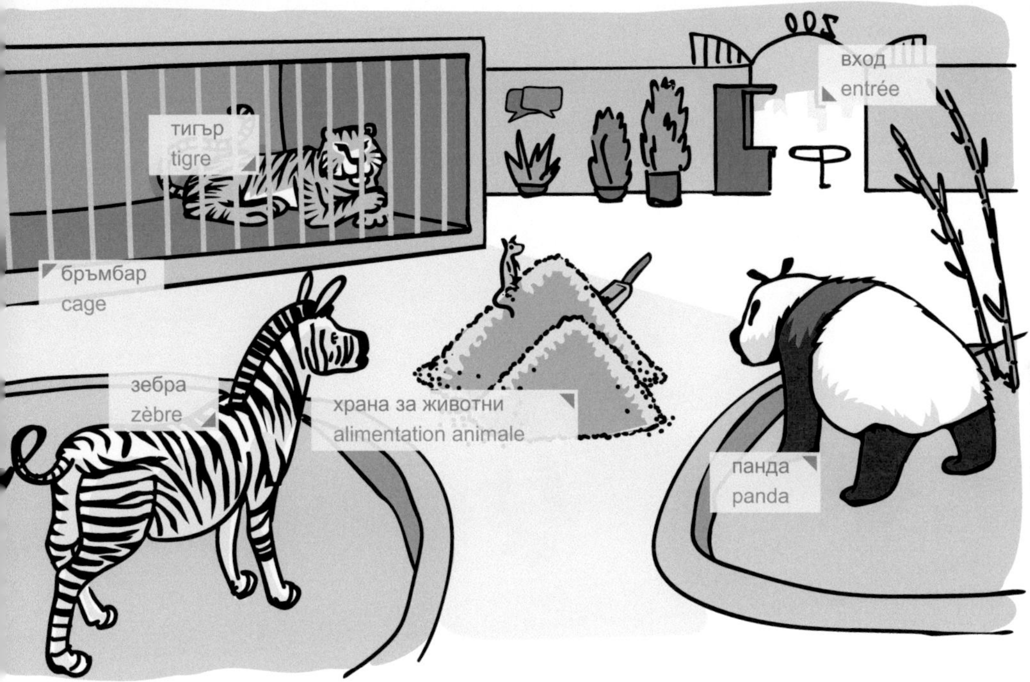

zoo
вход
entrée
тигър
tigre
бръмбар
cage
зебра
zèbre
храна за животни
alimentation animale
панда
panda

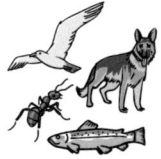

животни

animaux

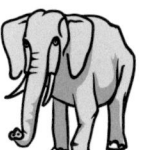

слон

éléphant

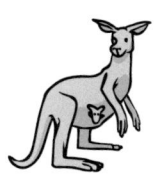

кенгуру

kangourou

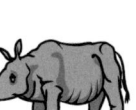

носорог

rhinocéros

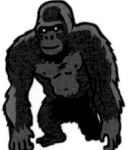

горила

gorille

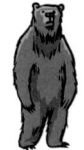

мечка

ours

камила

chameau

щраус

autruche

лъв

lion

маймуна

singe

фламинго

flamand rose

папагал

perroquet

бяла мечка

ours polaire

пингвин

pingouin

акула

requin

паун

paon

змия

serpent

крокодил

crocodile

пазач в зоологическа
градина

gardien de zoo

тюлен

phoque

ягуар

jaguar

пони

poney

леопард

léopard

хипопотам

hippopotame

жираф

girafe

орел

aigle

диво прасе

sanglier

риба

poisson

костенурка

tortue

морж

morse

лисица

renard

газела

gazelle

американски футбол
american Football

колоездене
cyclisme

тенис
tennis

баскетбол
basket-ball

плуване
natation

бокс
boxe

хокей на лед
hockey sur glace

футбол
football

бадминтон
badminton

лека атлетика
athlétisme

хандбал
handball

ски бягане
ski

поло
polo

дейности
activités

смея се
rire
скачам
sauter
прегръщам
embrasser
вървя
marcher
пея
chanter
сънувам
rêver
моля се
prier
целувам
faire la bise

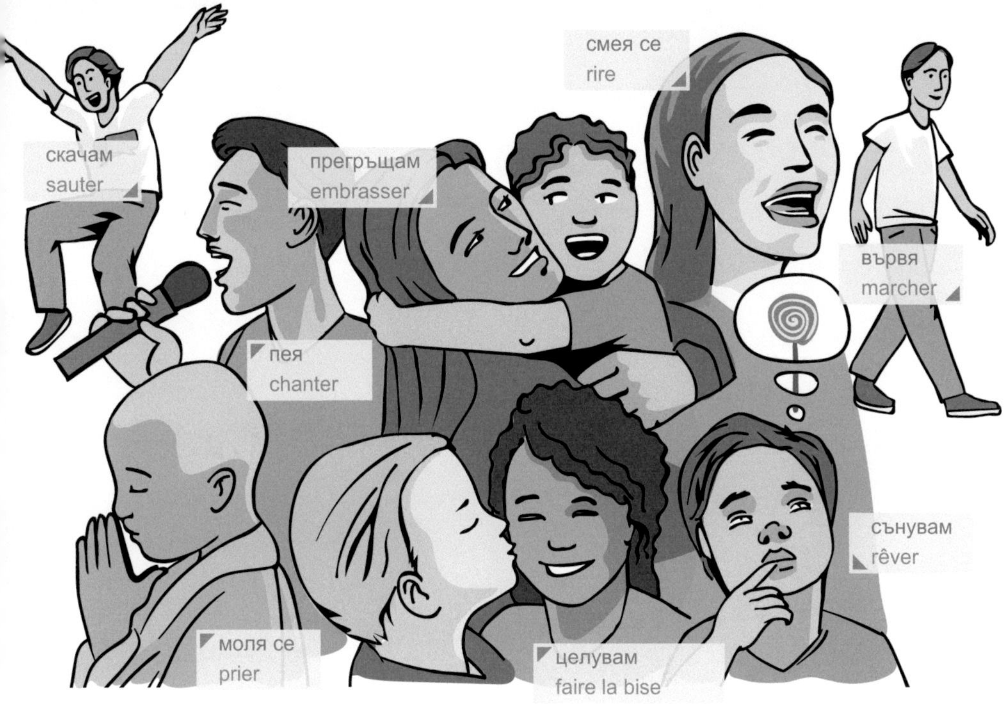

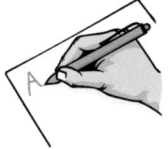

пиша

écrire

рисувам

dessiner

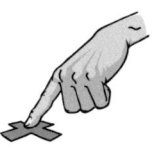

показвам

montrer

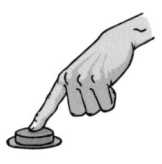

бутам

pousser

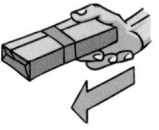

давам

donner

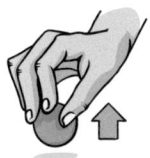

взимам

prendre

имам

avoir

правя

faire

съм

être

стоя

être debout

тичам

courir

дърпам

trier

хвърлям

jeter

падам

tomber

лежа

être couché

чакам

attendre

нося

porter

седя

être assis

обличам

s'habiller

спя

dormir

събуждам се

se réveiller

разглеждам

regarder

плача

pleurer

милвам

caresser

реша се

peigner

говоря

parler

разбирам

comprendre

питам

demander

слушам

écouter

пия

boire

ям

manger

разтребвам

ranger

обичам

aimer

готвя

cuire

карам автомобил

conduire

летя

voler

дейности - activités

плавам (с платна)

faire de la voile

смятане

calculer

чета

lire

уча

apprendre

работя

travailler

женя се

se marier

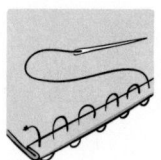

шия

coudre

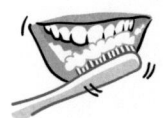

измивам си зъбите

brosser les dents

убивам

tuer

пуша

fumer

изпращам

envoyer

семейство

famille

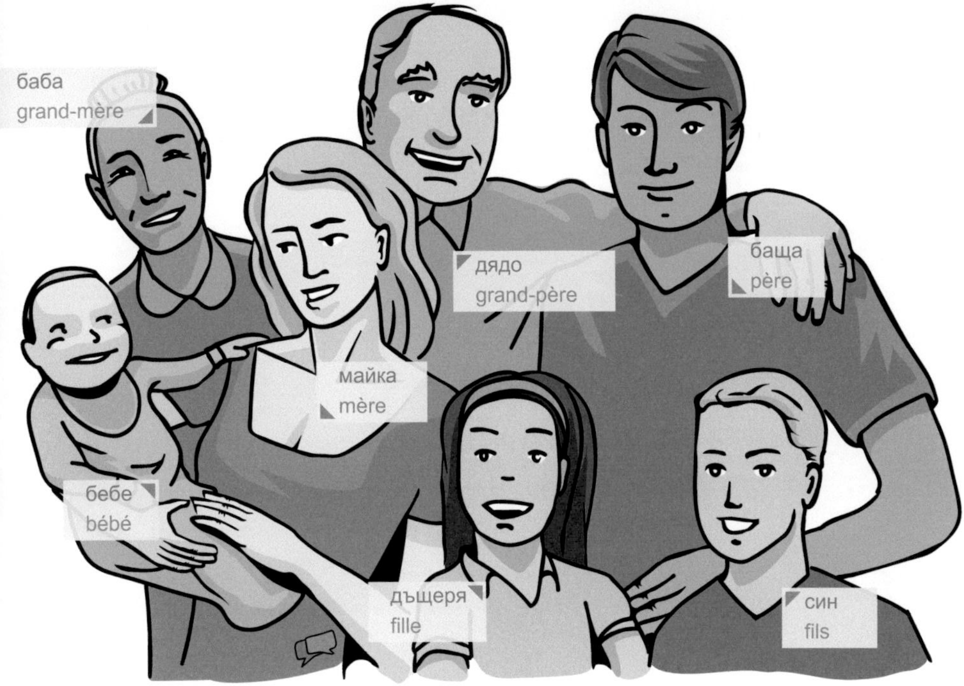
баба
grand-mère
дядо
grand-père
баща
père
майка
mère
бебе
bébé
дъщеря
fille
син
fils

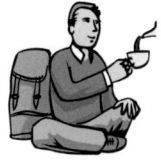

посетител

hôte

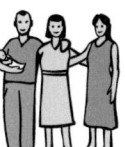

леля

tante

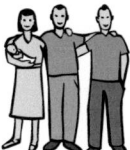

чичо

oncle

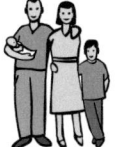

брат

frère

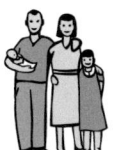

сестра

sœur

тяло

corps

чело
front
око
œil
рамо
épaule
пръст
doigt
лице
visage
брадичка
menton
ръка
main
гърди
poitrine
крак
jambe
ръка
bras

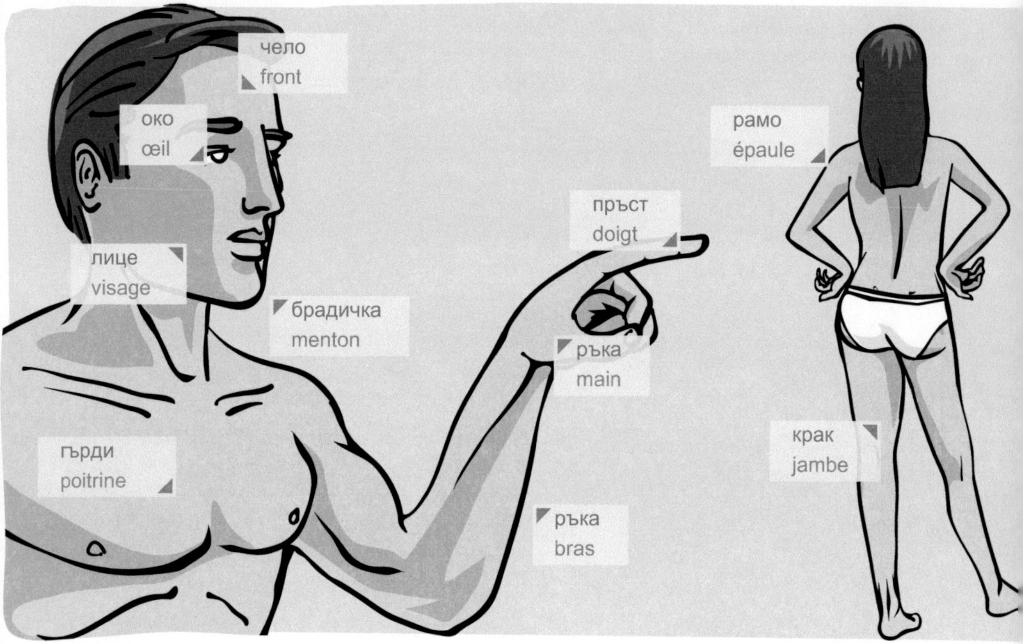

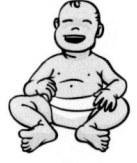

бебе

bébé

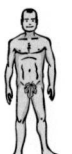

мъж

homme

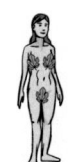

жена

femme

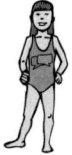

момиче

fille

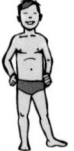

момче

garçon

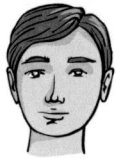

глава

tête

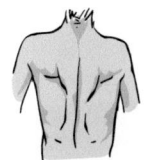

гръб

dos

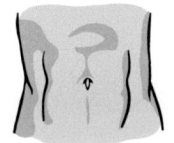

корем

ventre

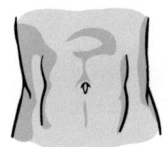

пъп

nombril

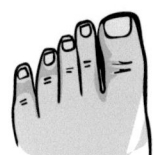

пръст на крака

orteil

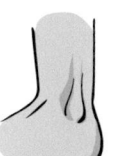

пета

talon

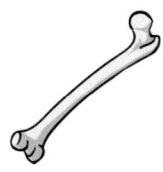

кост

os

хълбок

hanche

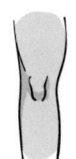

коляно

genou

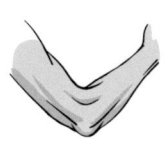

лакът

coude

нос

nez

седалище

fesses

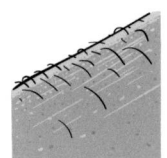

кожа

peau

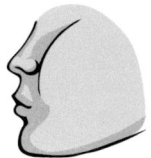

буза

joue

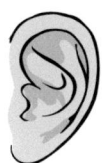

ухо

oreille

устна

lèvre

уста

bouche

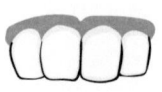

зъб

dent

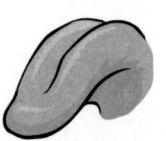

език

langue

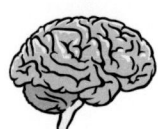

мозък

cerveau

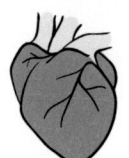

сърце

cœur

мускул

muscle

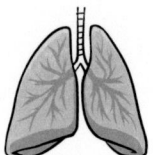

бял дроб

poumons

черен дроб

foie

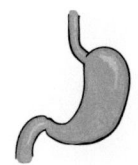

стомах

estomac

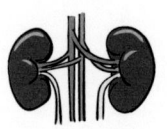

бъбреци

reins

полово сношение

rapport sexuel

кондом

préservatif

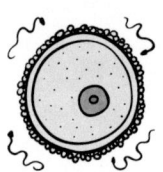

яйцеклетка

ovule

сперма

sperme

бременност

grossesse

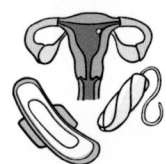

менструация

menstruation

вагина

vagin

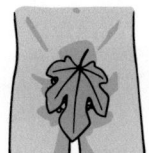

пенис

pénis

вежда

sourcil

коса

cheveux

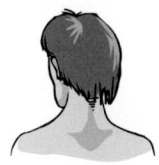

шия

cou

болница

hôpital

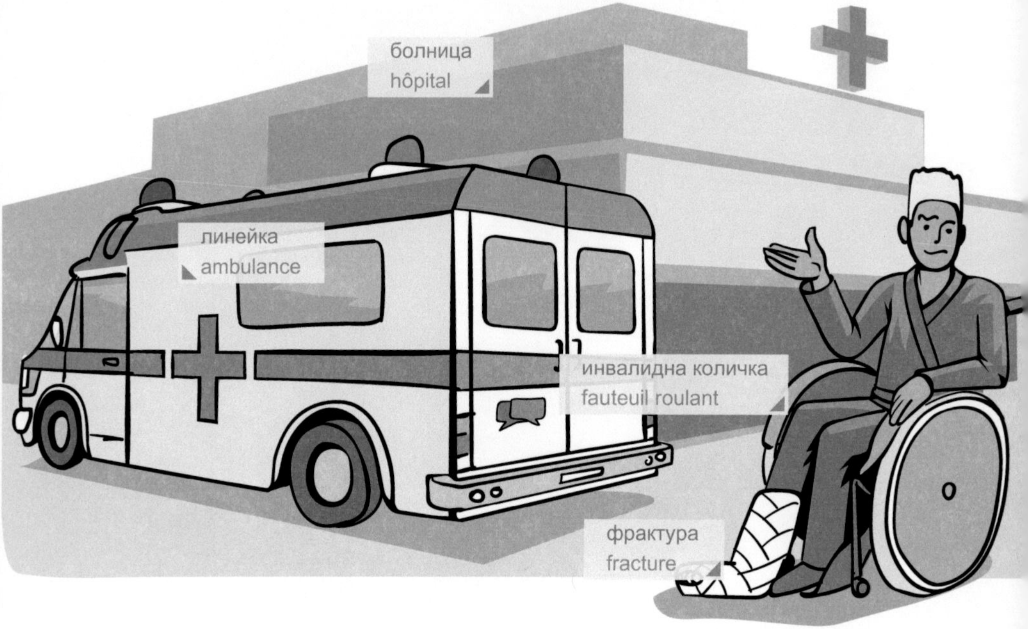

болница
hôpital
линейка
ambulance
инвалидна количка
fauteuil roulant
фрактура
fracture

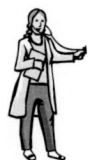

лекар

médecin

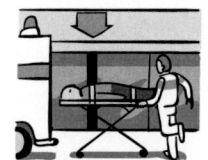

спешна хоспитализация

service des urgences

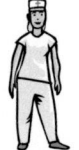

медицинска сестра

infirmière

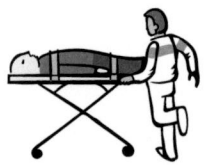

спешен случай

urgence

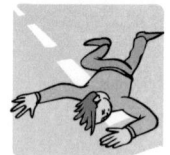

в безсъзнание

inconscient

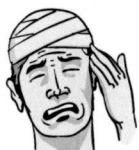

болка

douleur

нараняване

blessure

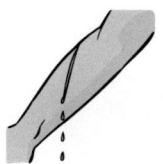

кървене

hémorragie

инфаркт

crise cardiaque

инсулт

attaque cérébrale

алергия

allergie

кашлица

toux

температура

fièvre

грип

grippe

диария

diarrhée

главоболие

mal de tête

рак

cancer

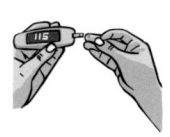

диабет

diabète

хирург

chirurgien

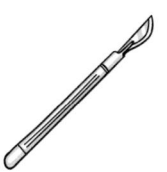

скалпел

scalpel

операция

opération

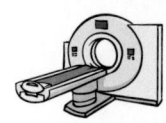

компютърна томография

CT

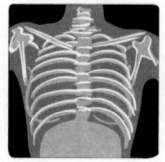

рентген

radiographie

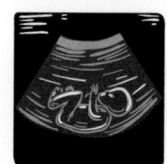

ултразвук

échographie

маска

masque

болест

maladie

чакалня

salle d'attente

патерица

béquille

пластир

pansement

превръзка

pansement

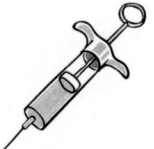

инжекция

injection

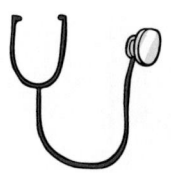

стетоскоп

stéthoscope

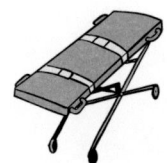

носилка

brancard

термометър

thermomètre

раждане

accouchement

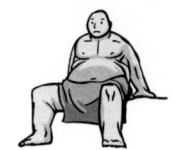

наднормено тегло

surcharge pondérale

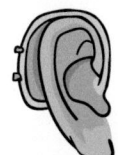

слухов апарат

appareil auditif

дезинфекционно средство

désinfectant

инфекция

infection

вирус

virus

HIV / AIDS

VIH / sida

медицина

médicament

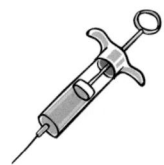

ваксинация

vaccination

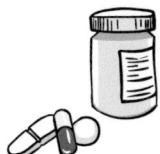

таблети

comprimés

противозачатъчна
таблетка
pilule

спешно телефонно
обаждане
appel d'urgence

апарат за измерване на
кръвното налягане

tensiomètre

болен / здрав

malade / sain

Помощ!

Au secours !

сигнал за тревога

alarme

нападение

assaut

атака

attaque

опасност

danger

авариен изход

sortie de secours

Пожар!

Au feu!

пожарогасител

extincteur

злополука

accident

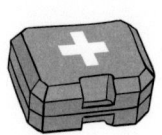

комплект за оказване на
първа помощ

trousse de premier secours

SOS

SOS

полиция

police

Европа

Europe

Северна Америка

Amérique du Nord

Южна Америка

Amérique du Sud

Африка

Afrique

Азия

Asie

Австралия

Australie

Атлантически океан

Océan atlantique

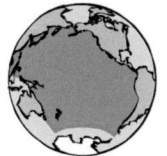

Тихи океан

Océan pacifique

Индийски океан

Océan indien

Южен ледовит океан

Océan antarctique

Северен ледовит океан

Océan arctique

Северен полюс

pôle nord

Южен полюс

pôle sud

Антарктида

Antarctique

Земя

terre

суша

pays

море

mer

остров

île

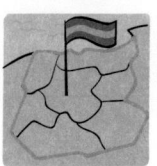

нация

nation

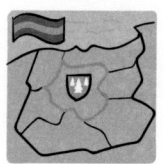

държава

état

циферблат

cadran

стрелка на часовете

aiguille des heures

стрелка на минутите

aiguille des minutes

стрелка на секундите

aiguille des secondes

Колко е часът?

Quelle heure est-il ?

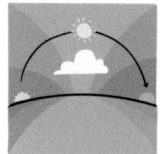

ден

jour

време

temps

сега

maintenant

дигитален часовник

montre digitale

минута

minute

час

heure

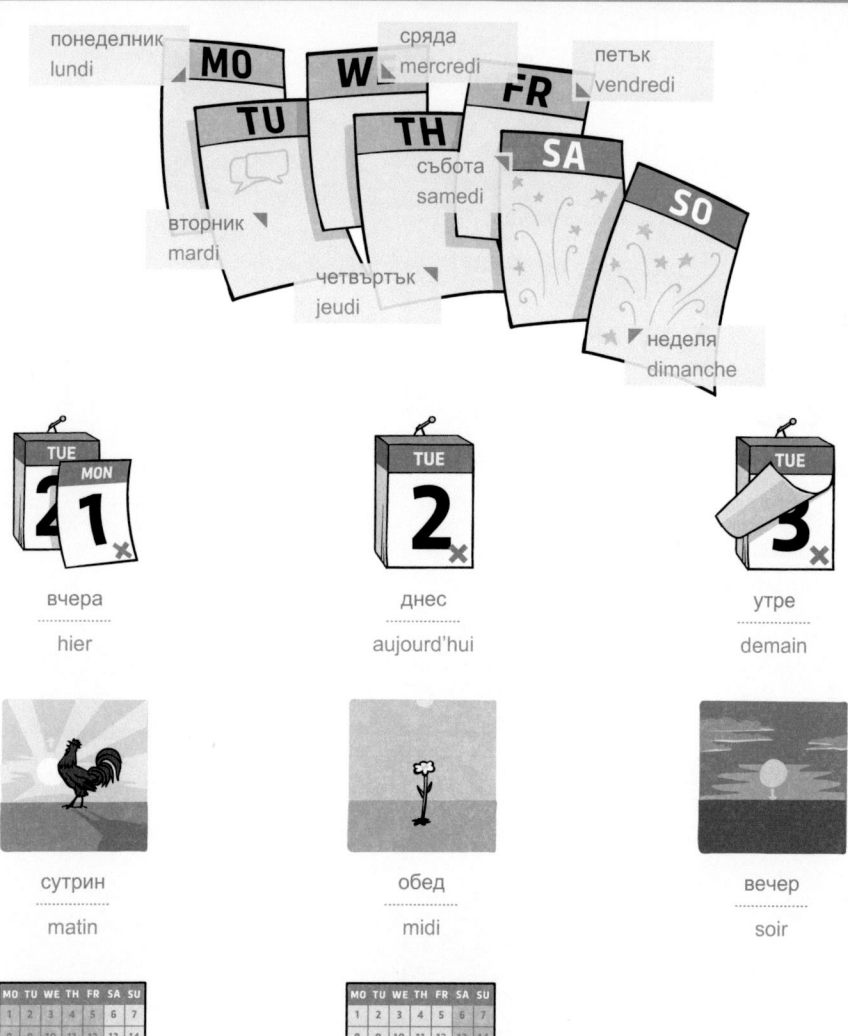

понеделник
lundi

сряда
mercredi

петък
vendredi

MO

W

FR

TU

TH

SA

SO

вторник
mardi

събота
samedi

четвъртък
jeudi

неделя
dimanche

вчера

hier

днес

aujourd'hui

утре

demain

сутрин

matin

обед

midi

вечер

soir

работни дни

jours ouvrables

уикенд

week-end

дъжд
pluie

дъга
arc-en-ciel

сняг
neige

вятър
vent

пролет
printemps

есен
automne

лято
été

зима
hiver

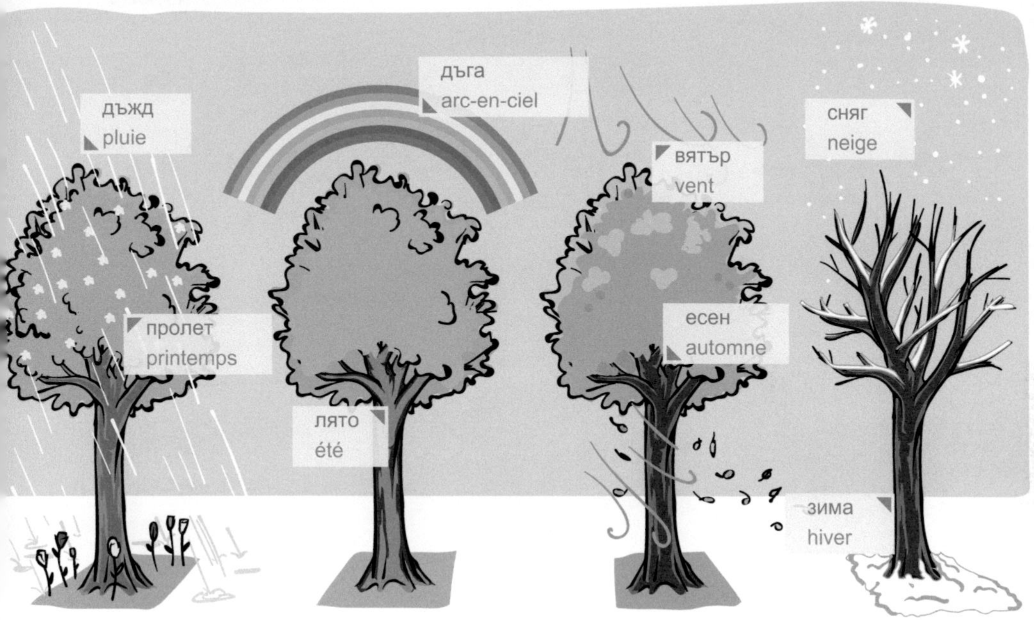

прогноза за времето

météo

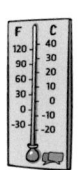

термометър

thermomètre

слънчева светлина

lumière du soleil

облак

nuage

мъгла

brouillard

влажност на въздуха

humidité

светкавица

foudre

гръмотевица

tonnerre

буря

tempête

градушка

grêle

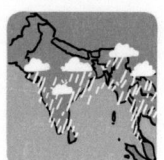

мусон

mousson

наводнение

inondation

лед

glace

януари

janvier

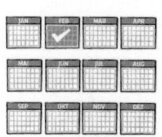

февруари

février

март

mars

април

avril

май

mai

юни

juin

юли

juillet

август

août

септември
....
septembre

октомври
....
octobre

ноември
....
novembre

декември
....
décembre

кръг
....
cercle

квадрат
....
carré

четириъгълник
....
rectangle

триъгълник
....
triangle

сфера
....
sphère

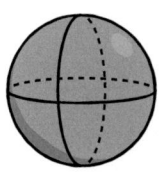

куб
....
cube

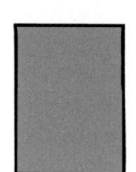

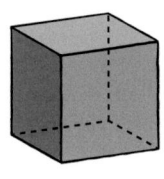

бял

blanc

жълт

jaune

оранжев

orange

розов

rose

червен

rouge

лилав

violet

син

bleu

зелен

vert

кафяв

marron

сив

gris

черен

noir

много / малко

beaucoup / peu

ядосан / спокоен

fâché / calme

красив / грозен

joli / laid

начало / край

début / fin

голям / малък

grand / petit

светъл / тъмен

clair / obscure

брат / сестра

frère / soeur

чист / мръсен

propre / sale

пълен / непълен

complet / incomplet

ден / нощ

jour / nuit

мъртъв / жив

mort / vivant

широк / тесен

large / étroit

ядлив / неядлив

comestible / incomestible

сърдит / любезен

méchant / gentil

развълнуван / скучаещ

excité / ennuyé

дебел / тънък

gros / mince

най-напред / най-накрая

premier / dernier

приятел / враг

ami / ennemi

пълен / празен

plein / vide

твърд / мек

dur / souple

тежък / лек

lourd / léger

глад / жажда

faim / soif

болен / здрав

malade / sain

нелегален / легален

illégal / légal

интелигентен / глупав

intelligent / stupide

ляво / дясно

gauche / droite

близо / далече

proche / loin

нов / употребяван

nouveau / usé

нищо / нещо

rien / quelque chose

стар / млад

vieux / jeune

вкл. / изкл.

marche / arrêt

отворен / затворен

ouvert / fermé

тих / силен (звук)

faible / fort

богат / беден

riche / pauvre

правилен / погрешен

correct / incorrect

грапав / гладък

rugueux / lisse

тъжен / щастлив

triste / heureux

дълъг / къс

court / long

бавен / бърз

lent / rapide

мокър / сух

mouillé / sec

топъл / студен

chaud / froid

война / мир

guerre / paix

0

нула

zéro

1

едно

un / une

2

две

deux

3

три

trois

4

четири

quatre

5

пет

cinq

6

шест

six

7

седем

sept

8

осем

huit

9

девет

neuf

10

десет

dix

11

единадесет

onze

12

дванадесет

douze

13

тринадесет

treize

14

четиринадесет

quatorze

15

петнадесет

quinze

16

шестнадесет

seize

17

седемнадесет

dix-sept

18

осемнадесет

dix-huit

19

деветнадесет

dix-neuf

20

двадесет

vingt

100

сто

cent

1.000

хиляда

mille

1.000.000

милион

million

английски

anglais

американски английски

anglais américain

китайски мандарин

chinois mandarin

хинди

hindi

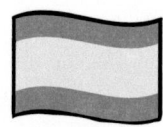

испански

espagnol

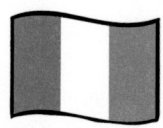

френски

français

арабски

arabe

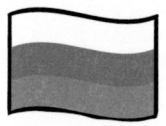

руски

russe

португалски

portugais

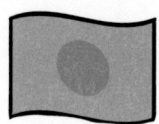

бенгалски

bengali

немски

allemand

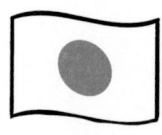

японски

japonais

аз

je

ти

tu

той / тя / то

il / elle / ce, c', cela

ние

nous

вие

vous

те

ils / elles

кой?

Qui ?

какво?

Quoi ?

как?

Comment ?

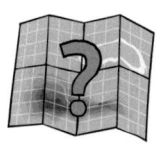

къде?

Où ?

кога?

Quand ?

име

nom

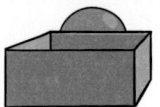

зад

derrière

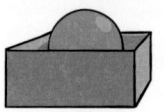

в

dans

пред

devant

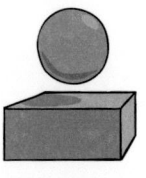

над

au-dessus

върху

sur

под

en-dessous

до

à côté de

между

entre

място

lieu